諷詩調詩集 · 446

통치통초초 · 2

박진환 제492시집

지성.감성의 메타언어
조선문학사시인선.940

諷詩調詩集 · 446
통치통초초(痛治痛楚抄) · 2

조선문학사

■ 책머리에

    1960년부터 시를 써 왔으니 금년으로써 시력 64년이 된다. 10년이면 강산도 변한다는데 시도 64년이면 강산이 변해도 6번을 넘게 변한 셈이다. 명예가 되는 것도 아니고, 그렇다고 돈이 되는 것도 아닌 시에 64년을 매달렸으면 시를 신앙으로 삼았거나 시의 노예가 되었거나 둘 중의 하나이거나 둘 다가 아니었을까 싶어진다. 달리 말할 수 있다면 시에 미쳤거나 미친 광기로 살아왔다는 시의 삶도 곁들여 볼 수 있지 않을까 싶다.
    시력 64년 첫 시집 『귀로』에서 출발한 시는 시집 『통치통초(痛治痛楚抄)』로 498권째를 발간함으로써, 이어 추가되는 일반시집 『무위의 언어』와 『무위 읽기』 두 권을 합쳐 도합 500권을 상재함으로써 내 시적 마스터플랜을 완결한 셈이다. 시에 대한 평가는 독자의 몫이니 접어 두고 그간 퍽 부지런을 떨었던 듯싶다. 시집 500권을 옛분들의 말씀을 빌면 '한우충동(汗牛充棟)', 소달구지에 실으면 그 무게에 소가 땀을 흘릴 만하고, 쌓아 올리면 그 높이가 대들보에 닿는다 함이니 썩 많은 시집을 엮어냈음을 두고 한 말일 수도 있게 된다.

시를 양으로 따질 수는 없다. 질이 더 중요한 문학적 가치기준이 되어주기 때문이다. 500권에 수록된 시는 어림잡아 4만여 편이 넘을 것으로 본다. 그중에 몇 편이나 읽을 만한 시가 있을지는 오직 독자의 몫이다.

그간 3행시, 4행시를 비롯, '풍시조(諷詩調)'에 이르기까지 여러 실험이랄까, 새로운 시의 장르에 도전해 왔다. 그중 풍시조는 내가 창발(創發)했다고나 할까. 고 문덕수 시인은 풍시조를 박진환이 시조이자 박진환의 장르라 했고, 성찬경 시인은 '박진환의 발명'이라고 했다. 그리고 홍신선 시인은 '박진환이 창발한 장르'라고 했다.

그런 연유로 풍시조에 충실했던 것은 사실이고, 충실을 통해 수만 편의 풍시조를 쓰고, 써서 시집으로 엮었다. 그 결과 500권의 시집이 탄생하게 됐다. 앞으로 건강이 허락하는 한 더 좋은 시를 쓰기 위해 최선을 다할 것을 다짐한다.

2024년 초추
저자 씀

박진환 제492시집 / 諷詩調詩集 · 446

통치통초초 · 2

차례

책머리에 / 5

2024년 8월 22일
설득력 못 지녀서 / 13
갈라져야 살아서 / 14
살 수 있어서 / 15
눈금 따로 있어서 / 16
끝내는 못 막아 터질 수도 / 17
어디서 들던 소린데 / 18
그런 손님 될 듯싶어서 / 19
지뢰밭에 들어선 것 같아서 / 20
소이다 / 21
항문의 혀 같아서 / 22
역사에 기록되길 희망해서 / 23
당면이란 뜻이어서 / 24
헛소리로 들려서 / 25
국민의 피여서 / 26
하도 오래여서 / 27

2024년 8월 23일
받아들인 적 없어서 / 28
모르시는 모양 / 29
어쩐다 / 30
따로 있어서 / 31
도치(刀治)에 잘려버려서 / 32
구실 못한 실과(實果)인걸 / 33
총잡이 흉내만 해대는 걸 / 34
그런 눈높이라고? / 35
출항도 못 한 건지? / 36
정치시대여서 / 37
악질적 속임수여서 / 38
들어본 적 없어서 / 39

2024년 8월 24일
처서 / 40
가을 예감·1 / 41
이러하다 / 42
이마에 찍힌다 / 43
않을지 / 44
사제(私製)품이어서 / 45
코리아여서 / 46
코리아의 눈이 그래 / 47
살기였어 / 48

닫아버려서 / 49
차버려서 / 50
오실 거두는 것을 / 51

2024년 8월 25일

뿌리 말라 버려서 / 52
적셔준 가슴 / 53
그리움인 것을 / 54
무엇일까 / 55
그러해서 / 56
엘리지를 / 57
슬픔과 하나 될밖에 / 58
치유법일 듯싶어서 / 59
암시요법도 있데 / 60
가을 예감 · 2 / 61
살아있었네 / 62

2024년 8월 26일

특채면 어떻고 시체면 어떻나 / 63
판인데 / 64
편승할 듯 / 65
그나마 다행 / 66
아이고 아이고 곡소리 같아서 / 67
백(back)에 쏠려서 / 68

달라도 너무 다른 혈통이어서 / 69
안 넘어질지? / 70
더 뻔질나게 드나들어서 / 71
고생들 많았수다 / 72
쓴 것들이어서 / 73

2024년 8월 27일
시원타 / 74
먹칠 진행 중이어서 / 75
? ? / 76
? ? ? / 77
꼬끼오 / 78
? ? ? ? / 79
바닥만 바닥만 / 80
어이쿠 / 81
팔팔하게 살아있어서 / 82
상수(上手) 기대한 게 잘못이었다고 / 83
너무 후(厚)한 것을 / 84
찬사도 / 85

2024년 8월 28일
망점 같아서 / 86
도깨비춤 돼서 / 87
캄캄해서 / 88

그게 더 값져서 / 89
답일 듯싶어서 / 90
모르는 것이 또 뭐더라? / 91
다소곳 하겠나 / 92
분통 짊어진 혈기? / 93
왜? / 94
행복 부재가 코리아여 / 95
붙들 게 없어서 / 96
모른다고 해서 / 97
먼저 앞세워서 / 98
읽고 있는데 / 99
통분이 터져서 / 100

2024년 8월 29일
그걸 몰랐었네 / 101
고재뿐이어서 / 102
국민의 눈높이 / 103
어쩌나 / 104
더러워서 / 105
탓은 you you여서 / 106
안 돼서 / 107
안 그럴지 / 108
불 보듯 뻔해서 / 109
전진 전진해야 / 110

찬밥신세 될 줄이야 / 111
그러려니 하셔들 / 112

■ **시집 평설을 대신해서_諷詩調에 대한 사계의 견해**
三行詩의 안팎_문덕수 / 113
知的調律에 의한 시 意味의 密度와 結晶度_성찬경 / 122
諷詩調의 깃발과 風向_김용직 / 128
박진환의 3행 '諷詩調'에 대하여_최원규 / 131
풍시조 읽기_문효치 / 136
諷詩調에 나타난 형이상시법의 수사법_최규철 / 140

2024년 8월 22일

설득력 못 지녀서

'상속세 감세, 금투세 폐지' 등 여당의 감세정책 두고 여러 의문들 제기되고 있다데, 감세나 폐지가 아니라 근본은 국고가 비어 있어서, 재정 확충이 현실인데 감세니 폐지니면 설득력 못 지녀서

갈라져야 살아서

광복절 경축식 둘로 갈려 열린 것을 두고 국민양극화 현상했대, 국토 정치·국민의식·역사의식·국가의식까지 양분현상, 윤정부로선 나쁠 것 없지, 한쪽 지지에 의지한 정권이니 갈라져야 살아서

살 수 있어서

이승만은 '뭉치면 살고 흩어지면 죽는다'고 외쳐 그 설득력으로 정치
이승만 전면에 내세운 윤석열정부는 '뭉치면 죽고 흩어져야 살아'식
뭉치면설자리잃을 정부로선흩어져, 쪼개져야한쪽힘으로 살수있어서

눈금 따로 있어서

김건희여사 명품백, 검 '무혐의' 결론, 소이는 '청탁 대가 없어 신고 의무 없다', 법이란 게 적용하기 나름, 해서 옛분들도 이현령비현령 법의 잣대란 게 정해진 눈금 따로 있고, 적용하는 눈금 따로 있어서

끝내는 못 막아 터질 수도

'쌈짓돈'처럼 예비비 꺼내 쓴 정부 했데, 우체국보험 적립금 빌려 쓸 형편이면 정부 빚쟁이란 뜻, 어디다 썼냐? '대통령 해외순방비' 등에 썼다데, 이리 돌려막고, 저리 돌려막다 끝내는 못 막아 터질 수도

어디서 듣던 소린데

여·야 대표회담 '생중계' 두고 신경전 끝에 실무회담 또 불발
해도 그것이 그것, 안 해도 그것이 그것이면 하나마나, 기대도 안 해
국민들 구경꾼시켜놓고 여·야만 으르렁으르렁, 어디서 듣던 소린데

그런 손님 될 듯싶어서

일 기시다 총리 퇴임 앞두고 방한 한다던데, 올 때보다 갈 때 더 환영받지 않을지, 갈 때 더 환영받는 손님은 '보내버려서 시원하다'는 표시, 기시다 그런 손님 될 듯싶어서

지뢰밭에 들어선 것 같아서

'뻘건 윤석열이 죄 없는 박근혜 잡아넣어' 김문수 노동장관 후보자의 과거 발언, 이를 두고 '파면 팔수록 지뢰밭' 했던데, 지뢰란 게 밟았다 하면 터지기 마련, 김문수 행보가 지뢰밭에 들어선 것 같아서

소이다

검찰정권의 무너진 '법 앞의 평등' 했던데, 이음말이 더 설득력 법은 강한 자에게 추상같고 약한 자에게 너그러운 봄바람같아야 한다는말 헌데 그 반대여도 평등 운운할까? '3년은 너무 길다'는 소이다

항문의 혀 같아서

'핏자국은 지워지고 혀는 계속 남아' 했길래 뭔고 했더니 '핏자국'은 피로 쟁취하고자 한 애국선열이 흘린 피였고, 이 피의 빛을 퇴색시킨 뉴라이트를 혀라 했데, 입을 머리의 항문 했던데 항문의 혀 같아서

역사에 기록되길 희망해서

광화문광장을 '국가주의공간화' 하려는 서울시의 계획, 탓할 것 없어 높은자리에 있으면 자신의 업적, 역사에 남기고 싶어해, 서울시장의 내막도 그런 차원, 권력자는 누구나 역사에 기록되길 희망해서

당면이란 뜻이어서

미국이 대선을 앞두고 정강정책을 내놓고 있는데, 민주·공화 공히 '북한의 비핵화' 관심 밖으로 내던져, 이를 두고 이것이 '현실' 했던데, 현실이란 '비핵화' 배제가 당면이란 뜻이어서

헛소리로 들려서

국가인권위원회가 윤대통령의 건설노동자를 '건폭'이라 한 표현을 노조활동에 부정적영향 줄 수 있다며 이런 발언을 하지 않도록 예방조치를 마련할 필요가 있다고 경종, 헌데 종소리가 헛소리로 들려서

국민의 피여서

예비비 꺼내 쓴 정부, 다음 주 국회결산심사 도마에 했던데
도마엔 칼 있기 마련, 이번엔 제법 큰 것이 도마에 오르겠던데
피깨나 흘리지 않을지, 헌데 그 피가 결과적으론 국민의 피여서

하도 오래여서

'광장 누구를 위한 공간인가' 했던데, 시민을 위한 공간이지 아냐, 노동자 등의 집회공간이야, 아니지 집회를 방지하기 위해 경찰이 지키는 경찰공간이지, 모르겠어, 가본지가 하도 오래여서

2024년 8월 23일

받아들인 적 없어서

한은이 기준금리를 3.5%로 동결하고 GDP를 하향조정한 것을 두고 대통령실은 '아쉽다', 집권여당은 '유감' 했던데, 한은은 '정부 실정에 경고장 날린것'이었다데, 경고만 일삼았지, 경고 받아들인 적 없어서

모르시는 모양

국민의힘 한동훈 대표, '국민 눈높이' 내세우며 출범한지 한 달, 헌데 국민의눈은 % 눈심아 삐딱하게 째려보며 밑바닥 내려다보고 있어서 민심이 천심, 국민의 눈높이가 하늘의 높이인 걸 모르시는 모양

어쩐다

검찰의 김건희 디올백 무혐의 처분 두고, 무혐의로 혐의 벗어난 게 아니라 '특검 당위성만 키웠다'데, 검찰의 '혐의 없음'으로 끝난 게 아니라 새로 '김건희 특검'의 시발점 만들어줬다는 뜻이니 어쩐다

따로 있어서

'윤석열 대통령만의 자유', 짐이 곧 나라이니 구속이 있겠는가
자유만만세, 외외탕탕, 광복절경축사에서 무려 50번을 외친자유
인간은자유 그 자체라 한 사르트르아닌 윤대통령자유는 따로 있어서

도치(刀治)에 잘려버려서

자유는 싹만 트면 생장이 빠른 나무다 했던데, 그것은 민주주의의
토양에서이고, 통치시대 못 면한 민주주의 박질의 토양에선
자라던 자유마저 도치(刀治)에 잘려버려서

구실 못한 실과(實果)인걸

자유·자유·자유·자유·자유·자유·자유·자유·자유·자유
유자냐? 탱자냐? 밤이냐? 대추냐? 모과냐? 자유 100을
외치면 뭘하나, 영글기도 전에 꼭지가 빠져버린 구실 못한 실과인걸

총잡이 흉내만 해대는 걸

트럼프, '방탄유리로 철벽'을 쳤다던데 그럴밖에
상궁지조라 안 했던가, 미국 총잡이들 총질에 이념이나 목표가
있던가, 개척시대의 건맨들처럼 총잡이 흉내만 해대는 걸

※ 상궁지조(傷弓之鳥) : 한 번 화살을 맞아본 새는 항시 긴장을 늦추지
못한다는 뜻.

그런 눈높이라고?

국민의 눈높이, 국민의 목소리도 제대로 못 들으면서 어찌 눈높이? 국민의 눈, 옛날과 달리 올려다보고 쳐다보는 눈 아니어, 천심이 민심이라고 하늘에서 내려다보듯 지켜보고 있어, 그런 눈높이라고?

출항도 못 한 건지?

큰소리쳤던 채상병 특검법은 뭉개고 또 뭉개다 쌀 판 안 될지? 의대 증원, 뉴라이트 전면배치엔 목소리 못 내고 한동훈호 깃발만 돛폭으로 올렸지, 가고 있는 건지? 출항도 못 한 건지?

정치시대여서

보훈부가 독립공법 단체 추가 지정 검토에 '후손 편가르기'니 '광복회 힘빼기'니 의구심확산으로 치닫고 있던데, 편가르기 안 당한 온전한 것도 있던가, '뭉치면 죽고 흩어지면 사는 정치시대여서

악질적 속임수여서

'댐을 지어달라고 하지도않았는데 필요도없는 댐을 주민들도 모르게 짓는 것이 말이 되느냐?' 했던데, 개울 없는 강에 다리를 놔준다는 거짓말보단 참말이네만 주민들도 모르게면 악질적 속임수여서

들어본 적 없어서

단양댐뿐만이 아닌 충남 청양, 강원 양구서도 기후대응댐 주민들
반발에 부딪친 모양이던데, 주민들 의사 들어주고 한 공사 몇이나
되던가, 민생고 막아준 댐이란 말은 들어본 적이 없어서

2024년 8월 24일

처서

여름과 가을의 간이역인가 보다, 여름 떠나가고 가을
열독 털어버린 바람 동행하고 다가오는, 저 징글맞게 달라붙던
연체동물 여름, 처형 대신 유형으로 멀리 보내는 처서

가을 예감 · 1

바람만이 아니다, 화저로 그늘을 지져대던 염제의 점령군도
꽁무니를 뺐는지, 그늘마다 서늘기를 회복했다, 매미들도
짝을 부르기보다 돌아감을 슬퍼하며 우는 것 같은 가을 예감

이러하다

여름을 열음답게 견딘 이마만이 결실을 거둘 수 있다 땀 흘리지 않고 어찌 열음인들 있었겠으며 거둔 결실인들 있겠는가, 여름이 열음인 소이가 이러하다

이마에 찍힌다

땀깨나 흘렸다, 이마엔 아직 가시지 않은 여름의 땀띠들이
땀방울 대신 맺혀 있다, 무엇을 가꾸고 가꿔 열음에
값했을까? ? 하나가 열음처럼 이마에 찍힌다

앓을지

삽상한 바람 불어와 풍향계는 결실의 계절로 길을 열어주는데
정치권은 여·야 돛폭은 올렸데만 출항 제대로 했는지?
아무래도 서툰 선장들이 배 산으로 끌고 가지나 않을지

사제(私製)품이어서

이재명·한동훈호, 거센 파도 헤치며 나란히 지평 향해
항해할 줄 알았더니 출발부터 기착지는커녕 항로도 제대로
못 잡고 나침판 탓만, 허긴 장치 나침판이란 게 사제품이어서

코리아여서

어찌된 소이인지 매사가 잣대의 눈금 서로 달라서
해석의 눈금, 척도의 기술 때문이 아니라 잣대마다 눈금이 다른
시제품들이어서, 허긴 규격품 국제눈금도 무시하는 코리아여서

코리아의 눈이 그래

%, 퍼센트란 게 똑바로 세우면 애 정시(正視)되고, 뉘이면 ％ 삐딱한 사시(斜視), 그것도 흘기며 째려보는, 눈살에 독이 들었는지 오기의 표상인지, 비뚤어진 마음보인지, 코리아의 눈이 그래

살기였어

독기, 오기만 들었나, 시기에 살인기에 원한기까지니 독살스런 눈
성구엔 눈을 몸의 등불이라 했던데, 아니었어
목광여거 격노의 살기 품어내는 눈이었어

※ 목광여거(目光如炬) : 안광이 횃불과 같고 노기를 띤 눈을 형용한 말.

닫아버려서

불승분노 달리 풀면 격노가 되지, 하는 일마다 뜻대로 되지 않으면
격노할 수도, 문제는 격노가 중노난범 자초한다는 사실
인내는 모든 문을 연다 했던데, 격노는 열린 문도 닫아버려서

※ 불승분노(不勝忿怒) : 분노를 참지 못함.
※ 중노난범(衆怒難犯) : 뭇사람이 노하는 데는 함부로 이에 당해낼 수가
없다는 좌전(左傳)의 말.

차버려서

참을 인(忍)자 셋이면 죽을 목숨도 구한다 했던가
　　참는 자에게 복이 있다 했던가, 헌데 분노면
사람 죽이고 들어온 복도 발길질로 멀리 차버려서

오실 거두는 것을

열독의 여름 참고 견딘 이만이 결실의 가을을 맞는 법
여름을 여름답게 산 이만이 가을다운 가을 맞는 법
이 평범한 진리 아닌 사실에의 충실이 오실(五實) 거두는 것을

2024년 8월 25일

뿌리 말라 버려서

음직이지 않으면 등 땀으로 적실 일도 없어 고슬고슬하다, 끈끈하게 달라붙던 무더위 연체동물을 뜯어냈음이다, 남은 일은 고슬고슬 슬기 회복, 헌데 열옥 더위에 지혜란 지혜 뿌리 말라 버려서

적셔준 가슴

'지혜는 샘이라 했데, 마시면 마실수록 점점 맑고
힘이 솟아오른다고도 덧붙였데, 헌데 지난 열옥더위에
지혜의 샘 말라버리고 대신 그리움이란 샘 있어 적셔준 가슴

그리움인 것을

'살아 그려야 옳으랴, 죽어 잊어야 옳으랴/ 살아 그리기도 어렵고 죽어 잊기도 어려워라/ 잊지 못하고 그림을 읊은 시구다, 아픔보다 더 견디기 어려운 것이 그리움인 것을

무엇일까

일단상사라 했던가, 혼의 가장 순수한 부분이 미지의 것에 향하여 갖는 그리움 사랑이라 했던가, 미지가 아닌 이미 가버린 기지(既知)의 것에 향한 그리움은 무엇일까

※ 일단상사(一但相思) : 오직 한 가지 그리워 생각하는 것

그러해서

타향에 임을 두고 주야로 그리는 정은 사치 중의 사치다, 세상엔 없는 임을 두고 그리는 그리움은 아픔 중의 아픔이다, 어찌하여 그리움이 사치도 되고 아픔도 되는지, 일단상사가 그러해서

엘리지를

아프지 않고도 아픔보다 더 견딜 수 없는 것이 그리움
그리워하면 할수록 더 견딜 수 없는 아픔이 그리움
어쩌란 말인가, 종신지질이 되어버린 병든 가슴의 엘리지를

슬픔과 하나 될밖에

밑바닥을 알수없을 지경의 슬픔을두고 암한(暗恨)이라 했데, 이름은 백낙천인데 어찌하여 슬픔은 암한이었을까, 퍼내고 퍼내도 드러나지 않는 슬픔의 밑바닥, 잊으려면 뛰어내려 슬픔과 하나 될밖에

치유법일 듯싶어서

슬픔의 유일한 치료법은 무슨 일을 열심히 하는 것이라 했데
할 일 없어 슬픔으로 산다면 이비치비 떠올려볼 수도, 슬픔을
슬픔으로 다스린다 함이니 이열치열과 같은 치유법일 듯싶어서

※ 이비치비(以悲治悲) : 이열치열(以熱治熱)에 빗대어본 일종의 조어.

암시요법도 있데

육덕(肉德)·육감(肉感)의 물신시대에 제육감(第六感)이면 오관을
통해 직접느낌이 아닌 신비한예감(豫感) 아니던가, 더위는 이열치열
슬픔은 이비치비, 감각요법아닌 정신요법, 암시요법도 있데

가을 예감·2

열독·열옥의 열대야의 계절을 살아오면서 정신을 놓았다
더위란 연체동물이 정신을 빼먹어 버렸기 때문이다
다행히 처서 지나자 서늘기의 회복으로 맛보는 가을 예감

살아있었네

예감으로 감지되는 10월의 코스모스, 11월의 단풍과 낙엽
열옥이 물러서면서 서서히 다가오는 가을의 예감들이다
육덕·육감의 물신시대에 제육감의 정신 회복이라니 살아있었네

2024년 8월 26일

특채면 어떻고 시체면 어떻나

어떤놈은 면접볼때마다 떨어지고, 어떤사람은 면접 한번에 높은자리 차지하고, 어떤 양반은 면접도 안 보고 국가서열 10위권에 들어서고 시쳇말로 특채, 끼리끼리 해먹는 세상, 특채면 어떻고 시체면 어떻나

판인데

시금치 한단에 3만원, 역대급 더위로 공급량이 줄었기 때문이라던데
더위 먹고 시금치가 금치가 됐다는 뜻, 어쩌겠냐만 열옥 열독에
감염이나 안 됐는지? 허긴 인간도 열독 못 벗어나고 있는 판인데

편승할 듯

이스라엘, 휴전의사 있는 건지 없는 건지? 미국말도 안 들으니
이스라엘 맘대로, 맘대로 하다가 맘대로 안 될 수도
헤즈볼라가 해볼라 돼 덤비면 세계여론도 편승할 듯

그나마 다행

20조원 체코 원전수출 따냈다고 입에 침이 마르도록 외교성과
내세우더니, 어쩐다 미 기업 '지재권'에 발목 잡혀 목발신세
힘없으면 당하는 설움, 목 안 잘려서 그나마 다행

아이고 아이고 곡소리 같아서

의·정 치킨게임을 두고, '이대로면 공멸'이라 했던데, 서로 의지 굽히지 않으면 대한민국 의료현실을 '끓는 물속의 개구리신세' 했던데, 개구리신세라니 와고 와고가 아이고 아이고 곡소리 같아서

※ 와고(蛙鼓) : 개구리 우는 소리.

백(back)에 쏠려서

김건희 디올백 수사심의위 '국민의 눈높이서 결정해야' 했던데 당대표가 표방한 '국민의 눈높이', 검찰총장도 같은 높이면 해법될 가능성도, 헌데 국민의눈은 디올백이아니라 백의 백(back)에 쏠려서

달라도 너무 다른 혈통이어서

주담대 최고 속도인데, 은행 탓하는 '관치' 예고한 금감원장 했데
은행과 검찰을 혼동한 건 아닐까? 은행자율성과 검찰의
법리 잣대 자의성은 달라도 너무 다른 혈통이어서

안 넘어질지?

세수 펑크·빚투에 정부·가계빚 첫 3000조원 돌파했다데
빛 대신 빚이면 캄캄한 터널일 수밖에, 언제 터널 지나
빛 볼 수 있을지? 굴만굴만 걸어가다 빚에 걸려 안 넘어질지?

더 뻔질나게 드나들어서

'학폭근절' 외친 지난해, 학폭 되레 6%나 늘었다데, 교육으로도
줄일 수 없는 것이 폭력이라면 대책은? 하나 있긴 한데
복당, 헌데 복당살이 해본 놈이 더 뻔질나게 드나들어서

※ 복당(福堂) : 감옥소의 이칭.

고생들 많았수다

'서울 열대야 일단 끝' 했데, 34일 만에 끝났으니 열옥살이에 열독
오른 채 살아야 했던 연체동물과의 동거생활, 뼈도 없는 것이 꺼안고
놓아주지 않는 열애가 열옥이었다니 고생 많았수다

쓴 것들이어서

최근정부가 자유무역협회(FTA) 홍보에는 83억원을 쓰면서 그에따른 피해 농가에는 7억원 찔끔 지원, 홍보는 흥청망청, 지원은 찔끔찔끔 그러고도 느느니 자화자찬; 자화자찬이 돈 많이 쓴 것들이어서

2024년 8월 27일

시원타

MBC 사장 교체시도 '제동걸렸다'고 소이인즉 '2인 방통위'의
방문진 신임이사 6인 임명에 '효력정지', 오랜만에 법원
삽상한 바람 한 줄기 날렸데, 바람으로도 홈런 가능, 시원타

먹칠 진행 중이어서

윤대통령 명예훼손 수사에 검찰 주민번호·주소까지 수집했다데
이 잡듯이 샅샅이 훑었는데, 명예훼손이란 게 이름 석 자에 먹칠
닦아내고 닦아내도 번지는 20%대 지지율 빼곤 먹칠 진행 중이어서

? ?

홍수도 가뭄도 없는 수입천에 댐 건설한다고 주민들 반대 반대
물도 흐르지 않는데 다리 놔준다는 공약보다는 나을랑가?
건설 배경에 거짓말보다 더 나쁜 꼼수나 없는지?

? ? ?

MB 정부 댐으로 문 닫더니, 그 되풀이가 또 시작돼서
어쩐다, 댐보다 더 시급한 발등의 불 꺼야 할 듯싶은데
댐으로 물길 막아버리면 뭘로 불은 끌지 ? ? ?

꼬끼오

스텝 꼬인 대통령실 했던데, MBC 사장교체 시도 불발 두고 한 말 꼬인것이 스텝뿐이던가? 심사도꼬이고, 오기에 민심도꼬이고 실책에 정책도 꼬이고, 꼬이고 꼬이고 꼬이고, 풀려 밝은 날은 언제? 꼬끼오

？ ？ ？ ？

채상병 특검법 발의, 한동훈 "여권 분열 포석에 내가 왜", "정 급하면 자기들이 처리" 등 배 내밀기, 허긴 배운 것이 그것뿐이니 배운 대로 할밖에, 교과서가 잘못됐나? 잘못 가르쳤나? 잘못 배웠나????

바닥만 바닥만

대통령실·경호처 인건비 1007억에 총운영비용도 최근 10년간
최고라데, 국고는 텅텅 비어가는데 아껴 쓰고 또 아껴 써야 할
대통령실·경호처가 물쓰듯 국고 퍼내다니 바닥만 바닥만

어이쿠

'반노동·막말 잘못 없다' 없고 말고요, 말에 두서가 없으니 잘못 있으면 뭘 하고, 없으면 또 뭘 하나요, 잘못인 줄 알아야 말도 먹히는 법, 잘못 없다니 잘한 것으로 해둡시다, 어이쿠

팔팔하게 살아있어서

김건희 여사 무혐의는 '공직윤리 사망선고'다 했던데, 이제사 그걸 아셨나요? 사망한 지 오래되지 않았던가요? 니체의 신은 죽었다 이후 선고이니 새길만, 헌데 공직윤리 팔팔하게 살아있어서

상수(上手) 기대한 게 잘못이었다고

한동훈 집권여당 대표, 특검법 발의 요구를 '여권분열포석'이니
'내가 따라갈 건 아니다'라며 발뺌, 지켜보던 국민 눈높이
하수 하수(下手)하면서 상수 기대한 게 잘못이었다고

너무 후(厚)한 것을

정치가 하치인데 어찌 상책 바라겠는가, 못 면하느니
하(下)자 돌림뿐인걸, 허니 지지율 상승인들 어찌 바라겠는가
국민의 눈높이론 20%대도 너무 후한 것을

찬사도

MBC 사장 교체 시도 제동 걸리자, 'MBC 절차 불법성 드러나' '방송장악 구데타저지', '윤정권 무리수 증명', '도덕·정치·법적 심판직면' 등 반응에 '살아있는 정의', '용기 있는 결정' 등 찬사도

2024년 8월 28일

망점 같아서

한국 1인가구 1000만 가구 육박했던데, 국민의 5분의 1이 1인 가구인 셈, 머잖아 2000만 1인 가구되면 그 끝은 무엇에 잇대일까? '무엇'에 찍어보는 방점이 방점 아닌 망점(亡点) 같아서

도깨비춤 돼서

감세로 빈 곳간에 지출만 쥐어짜 '건전재정', '민생' 다 잃었다데 이를 두고 '윤석열표 예산이 안 보인다 했던데, 허허, 보일 것이 있어야 보거나 보일 수도, 캄캄 캄캄캄이 캉캉춤으로 도깨비춤 돼서

캄캄해서

국무위원 후보자 김문수 두고 한손엔 '망언', 한손엔 '색깔' 들었다데 망언·망발·망령이 코스, 색깔이란 것도 화무십일홍, 퇴색되기 마련이어서 같은 코스, 앞날이 훤히 보이는데 캄캄해서

그게 더 값져서

병장 봉급이 한 달에 205만 원, 국방의무에 충실하고 대가로
2백만 원 월급이면 계급값 할랑가, 200만 원 월급값보다
2천만 원짜리 국방의무 충실이면 그게 더 값져서

답일 듯싶어서

의·정 갈등 대응 엇박자에 윤·한 파열음 했던데, 소이인즉 한동훈
'의대 증원 유예'에 대통령실 '물러서면 안 돼', 어느 쪽이 국민의
눈높이에 맞춘 건지? 그게 답일 듯싶어서

모르는 것이 또 뭐더라?

어쩐지 뭇 여론의 반대에도 뉴라이트 전진 배치해서 잘도 어긋난다 했더니, 아니었어, 대통령께선 뉴라이트 의미를 정확히 모르고 계실 정도라니 알았던들 그렇겠나, 모르는 것이 또 뭐더라?

다소곳 하겠나

한국인 절반가량이 '울분'의 지속으로 '장기적 울분 상태', 그것도 30~39세 연령대가 울분지수 최상, 울분이란 게 가슴에 가득한 분함 아니던가, 대통령도 격노하는데 국민들인들 다소곳 하겠나

분통 짊어진 혈기?

화를 낼 줄 모르는 것은 바보이고 화를 내지 않는 것은 현명한 사람이라 했던데, 가슴에 화통 지닌 한국의 젊은이들 바보는 아닌 것 같고, 그렇다고 현명도 아닌 것 같고, 허면 분통 짊어진 혈기?

왜?

정부 녹조 전담기관 재추진에 경남도는 '기대' 했고
환경단체는 '반대', 환경단체 반대의 변, '도움 안 돼'라며
4대강 보 상시 개방이 해법이라고, 개방하면 될 걸 전담기관은 왜?

행복 부재가 코리아여

'바득바득 살아야 행복한' 한국, 10년 전이나 지금이나 똑같다 했데 바득바득 이를 갈고 살아야 행복? 그런 행복 아닌 참 행복 10년 후면 올까, 꿈 깨, 그런 행복이고 저런 행복이고 행복 부재가 코리아여

붙들 게 없어서

집값 작년부터 이상신호 감지됐다며, 하는 말, 무원칙·무능한 정부, 의지마저 박약했다며 내면엔 더 심각할 것, 소이인즉 정부의 가격개입 실패에 상품 제공 택지공급 둘 다 손 놔 붙들 게 없어서

모른다고 해서

윤대통령이 이념전쟁을 하는이유, 정치실패, 관심사 돌리기위한 궁여지책, 이념도 바로지녀야 바로펴고 실천, 뉴라이트 이념도 바로 지닐 물건 못 될 듯싶어서, 그보다 뉴라이트가 뭔 줄도 모른다고 해서

먼저 앞세워서

보다 못해 집권여당이 의료대란 중재안 제시한 모양이던데 일축
허면 대통령실 무슨 대안이나 출구 지녀서 소신 실행?
소신 아닌 오기·고집·독선이 먼저 앞세워서

읽고 있는데

'밀정은 있다' 했던데, 뉴라이트를 중심으로 한 친일사관 쪽에
시선 모으던데 국민의 눈높이가 그래, 이는 우리 안에
밀정이 있다는 뜻, 그 뜻까지 국민들은 읽고 있는데

통분이 터져서

무기력한 인권위 그 뒤에 낀 먹구름 언제 걷힐지 한숨만 터진다 어느 논객의 한탄이다, 글쎄요, 먹구름이 아닌 구름마저 걷힐 수 없는 쇠사슬에 매여 있는 것 같아서, 한숨 아닌 통분이 터져서

2024년 8월 29일

그걸 몰랐었네

만찬도미루고 윤·한 갈등 전면전 양상으로 치닫고 있다데, 소이는 한의 의대 증원 유예에 대통령실, 이해집단에 굴복하면 정상적 나라 아냐, 아, 그랬었구나, 의사들이 '이해집단'이었구나, 그걸 몰랐었네

고재뿐이어서

노태우가 전두환 밟고 넘어가고, 박근혜가 박정희 밟고 넘어갔듯
한동훈 윤석열 밟고 넘어가야, 못 넘으면 하산도 못 면해
정치란 게 고비고비 고재뿐이어서

※ 고재(高哉) : 이백 시에 나오는 말로 험한 산길.

국민의 눈높이

한동훈이 택한 정면 돌파, '기회냐?', '위기냐?' 여론에 달렸다 했던데, 여론이란 게 '국민의 눈높이 올려다보면' 유리, 내려다보면 20%대 지지율과 다르지 않아서 답은 '국민의 눈높이'

어쩌나

국회 개원 3개월 만에 고성·퇴장 없이 28개 법안 본회의 통과
협치 단결될까? 추석 밥상 성찬용 될까? 더 두고봐야
거부권 없이 공포·시행될 거라던데, 거부권자 심심해서 어쩌나

더러워서

전국 물고기 폐사로 양식장 초토화, 그 틈새 파고든 일본산에 밀리고
폭염에 치이고, 이래저래 죽을 지경, 일본산에 밀린 게 양식장뿐인가
일본에 속고, 뒤통수 맞고, 얻어터지기 다반사; 이웃이란게 더러워서

탓은 you you여서

대통령의 자격을 미미미미 대 유유유유 했데, 미 me는
나 I이고, 유는 you 당신이던데, 우리 대통령은 미·유 두 자격을
다 갖추신 듯, 매사 자화자찬 아이아이에 탓은 you you여서

안 돼서

당·정 만찬도 흔든 의·정 파국 지적하며 '국회역할에 주목
집권여당, 윤석열 정부로는 해결 불가이니 국회가 맡아 처리해
달란 뜻. 헌데 국회가 타협안 도출해도 거부권감 밖에 안 돼서

안 그럴지

체코 원전 수주 따놓고 외교승리, 국가 위상제고 등 자랑 꽃 피우더니 화무십일홍, 중도파기 위험에 직면, 어쩐지 기고만장한다 했더니 허풍떨기였던 것을, 포항 석유도 안 그럴지?

불 보듯 뻔해서

정부, 추석맞아 전통시장 소득공제율 2배로 높이는 등 민생 안정대책 발표했던데, 추석 민심 염두에 둔 듯, 추석맞이 상마다 둘러앉아 정부 비판, 낙엽 행보 재촉하듯 뚝뚝 불 보듯 뻔해서

전진 전진해야

'갈등 정면 돌파 택한 한동훈' 했던데, 깨지고 부서져도 정면 돌파만이 살 길, 물러서면 나아갈 길도 차단 돼 정치생명 위기 못 면해, 위기를 기회로 알고 전진 전진해야

찬밥신세 될 줄이야

대통령실 때문에 국방부에 청사 내준 합참, 내년도 예산 0원으로 가도 오도 못 하는 샌드위치 신세, 국군 통수권자가 청사 차지하고 들어섰으니 더부살이할밖에, 합참이 찬밥신세 될 줄이야

그러려니 하셔들

노년기 우울증, 만성질환 유발 첫 규명했다데, 그럴밖에 늙은이 대접받을 일 있나, 젊은이답게 신명날 일 있나, 늙으면 병과 벗하고 산다 안 했던가, 우울증 벗하면서 그러려니 하셔들

■ 시집 평설을 대신해서_諷詩調에 대한 사계의 견해

三行詩의 안팎

문덕수(전 예술원 회원)

1.

 박진환의 三行詩Ⅷ『諷詩調』를 읽고 느낀 바가 많지만 다 말할 수는 없을 것 같다. '諷時調'라고 하지 않고 '諷詩調'라고 한 것은 '시조(時調)'와는 다른 장르임을 말하는 것이 분명하고, '풍조시(諷調詩)'가 아니라 '풍시조(諷詩調)'라고 한 것은 이와 유사한 다른 장르명의 어순을 따를 필요가 없음을 암시한 것 같다. 어쨌든 '풍시조(諷詩調)'는 다른 누구의 것도 아닌, 바로 박진환의 장르다. 그가 풍시조의 시조요, 창업자다.
 '풍시조(諷詩調)'의 '풍(諷)'은 '풍자(諷刺, satire)'일까. '풍유(諷喩, allegory)'일까(諷諫, 기자(譏刺)라는 말도 있다). 풍(諷)은 '言十風(음)'으로 된 글자인데, 떨리는 소리로 낭독하는 것을 풍송(諷誦)이라고 하고, 바람이 나뭇가지나 이파리를 흔들듯이 사람의 마음을 움직이는 것을 '풍(諷)'이라고 한다. '풍자'는 후자에 해당한다. 그러나 이러니저러니 따질 필요는 없다. '시 작품' 자체가 시론이기 때문이다. '풍시조'의 정체는 박진환의 작품에 있다고 하겠다.

> 달콤한 오수 깨며 띠리링 울리는 벨소리 속 목소리
> 기막힌 부동산 정보 전해 드리려고요
> 너나 기막히세요, 난 귀 열고 매미소리나 벗하리니
> ―「귀 열고」

　IT매체들(휴대전화 등)을 통해 부동산 중개업자(복덕방)의 이러한 극성스러운 메시지는 시민들이 역겹도록 경험하고 있는 현실이다. 시도 때도 없는 각종 정보 발신에 시민들이 무방비 속에 시달리는 것은 정보공해라고 할 수 있다. 이 시는 요즘의 이러한 부동산 시장의 상황과 정보공해가 전제되어 있고, 이러한 상황을 어느 정도 공유하고 있는 독자에게만 공감이 절실할 것이다. 풍자건 유머건 간에, 독자의 다양한 지적 교양이 전제된다는 점에서 지성적 활동이라고 할 수 있다 (박진환을 '주지시'의 계열의 중요시인으로 보는 것도 이 때문이다).

2.

　왜 3행시일까. 20행, 30행의 장시나 산문시면 안 되는가. 초·중·종장과 같은 3행이지만, 시조의 율조와는 관계가 없다. 종장 '3·5·4·4'와 같은 율조도 지킬 필요가 없다. 음보와도 관계없다. 시조의 3행과 같다는 말도 사실상 넌센스다. 그럼에도 3행시로 한 뭔가의 이유가 있지 않을까. 앞에 든 「귀열고」에서 여러 가지 장치를 전지(剪枝)하고 3단논법의 뼈대만 추려 본다.

> 남을 괴롭히는 전화는 받기 싫다(대전제)
> 요즘의 부동산 정보전화도 사람만 괴롭힌다(소전제)
> 그러므로 내게 그런 전화하지 말라(결론)

이와 같은 논리소('화소'라는 말이 있지만 '논리소'라고 해둔다)로 환원시켜 놓고 보면, 「귀열고」는 3단논법의 시상 전개임을 어느 정도는 이해할 수 있다. 상황 제시(대전제, 제1행), 권유나 권고(소전제, 제2행), 거절(결론, 제3행)로 된 3단형이나 구문면에서는 문답형이다. 3단 논법이란 2개 이상의 전제를 제시하고, 거기서 결론을 도출하는 추론형식이다. 2개든 3개든 2행으로 전제를 제시하거나 열거하고, 논리 진행의 반전, 좌절, 총합 등으로 결론을 도출하게 되면 '3단형'이 되지 않을 수 없다. 또 구문상의 '문답형'으로 본다고 하더라도 물음과 답이 각각 1행씩 합해서 2행이 되고, 물음과 대답을 성립하기 위한 전제적 상황 제시가 1행을 차지하면, 이 또한 3행 형식을 취하게 된다.

> 돈 많은 세상에 돈 없이 배고파하는 꼴이나
> 물난리에 물이 없어 목말라 하는 꼴이나
> 사람 중에 사람 없어 정치공황 부황든 꼴이나
> ― 「꼴이나 꼴이나」

「꼴이나 꼴이나」도 3단형이긴 하나 논리의 극적 국면(반전, 좌절 등)이 약한, 즉 편평(扁平)한 3단형이다. 더 정확하게 말하면 전제만 3행으로 열거되고 결론이 없는(결론은 독자의 몫으로 남겼다.) 일종의 '나열형'이다. 틀(뼈대)을 추려보면 "풍족 속의 굶주림은 꼴불견이다(제1행), 홍수 속의 갈증은 꼴불견이다(제2행), 인재 귀한 정치 공황은 꼴불견이다(제3행)"의 3단형인데, 대전제・소전제・결론 형이 아니라 단지 전제의 3행 나열에 지나지 않고, 이러한 나열을 총합한 결론은 독자에게 맡겨져 있다. 구문상으로는 '꼴이나'가 각행의 끝말로 반복(세 번 반복)되는데 귀납형의 방식이라고 할 수 있다. 대전제를 먼저 제시하는 3단 논법형과는 다르다고 하겠다. 3단형이라고 하더라도 여러 가지 성질의 형식이 있으므로, 여기서는 변죽만 건드려본 정도로 그치겠다.

3.
다음엔 실제 작품을 조금 음미해 본다. 「귀열고」는 「夏夜」와 더불어 박진환의 풍시조 중에서 가장 재미있는 작품인 것 같다. 전형적인 작품이라고 해도 괜찮다.

'기막히다'의 활용형(기막힌, 기막히세요)은 문답의 '고리' 역할을 한다. 부동산중개업자와 시적 주체도 연결시켜준다. 그런데, 대답 부분(제3행)의 '기막히세요'라는 '고리'에는 '기막히다(어떤 일이 하도 어이없거나 엄청나서 질릴 정도이다와 같은 부정적 성질의 의미와, 어떻다고 말할 수 없을 만큼 좋거나 정도가 높다와 같은 긍정적 성질의 의미가 공존한다)와 '귀(耳) 막히다' 등의 의미가 공재해 있고, '귀 막히다'는 뜻의 말은 짐짓 잘못 알아들은 것으로 되어 있다. 이 풍시조의 재미는 '기막히세요'라는 고리에 내재된 다채로운 뉴앙스의 삼중 겹침에 있는 것 같다. 여기에 "너나 기막히세요"라는 독백 형식의 대답에는 "너나 잘하세요"(영화 「친절한 금자씨」의 주인공이 한 말)도 연상되고, 더 지적으로 민감한 독자라면 "사또님 말씀이야 다 우습지"나 "사돈네 남의 말 한다"와 같은 속담도 연상하게 될 것이다. 또 2인칭 대명사 '너'와 높임말인 '기막히세요'는 존대법상 일치하지 않는다. 이러한 문법적 불일치도 미적·풍자적 효과에 한몫 더한다. 말하자면 독자의 지적 수준에 따라 그 웃음과 재미가 증감된다. 아마 이러한 시적 장치의 전부를 담아 뭉뚱그리기에 적합한 가장 간결한 형태가 3행시가 아닐까도 생각된다.

> F킬라를 뿌리듯 이발사가 내 머리에 스프레이를 분무한다
> 내 머리를 모기나 파리 대가리쯤으로 아는 모양이다
> 하긴 싹싹 손 비비고 남의 피나 핥았으니 그럴 법도 하지
> ─ 「이발소」에서

전제가 되는 부분의 열거를 1행, 2행에 배당하고, 그 전제를 근거로 제3행에서 결론을 도출한 3단형이다. "이발사가 내 머리에 스프레이를 뿌린다(제1행), 나를 모기나 파리로 간주하는 것 같다(제2행), 아첨하고 착취했으니 이발사의 행위는 당연하다(제3행)"는 것이 이 풍조시의 뼈대다. 추린 논리소다. 그러나 이 논리 속에는 의도적 곡해(曲解)와 사회를 향한 우회적 공격이 숨어 있다. 논리 속에 숨은 이 장치의 이해가,

이 풍시조 수용의 전제가 된다.

특히, "싹싹 손 비비고 남의 피나 핥았으니"에서, 1인칭(모기나 파리의 1인칭)인 '나'의 비하(卑下)를 통해서 파리나 모기와 다를 바 없는 자신이 바로 사회의 무고한 사람들에 대한 침입자나 가해자였음을 폭로한다. 자기가 바로 풍자의 칼날에 희생되어야 할 대상이며, 자신의 비하가 공격과 비판을 위한 칼날 갈기의 전제라는 아이러니를 본다. 일종의 도회(韜晦)의 비늘이라고 할까. 새디즘과 매저키즘은 동전의 양면이라는 심리분석도 이 경우에 해당될지?.

夏! 정말 덥다, 夜! 시원하다
夏夜보다 더 신나고 시원한 것 없을까
없긴 왜 없어, 下野란 말 있잖아
— 「夏夜」 전문

「夏夜」는 문답형 중의 자문자답형이다. 독백형 자문자답이다. 두 개의 전제에서 의외의 결론을 끌어낸 3단 형태라고도 할 수 있다. 제1행의 대전제가 그 다음의 소전제와 결론인 대답을 가능하게 해준다. 어쨌든 '夏夜'라는 편(pun)과 더불어 박진환식 풍자와 해학의 가장 돋보이는 전형적인 시다. '夏夜'에 내포된 골계미와 풍자성을 분석해 보자.

'하야'라는 시니피앙에는 1)계절로서의 夏夜, 2)'하! 야'라는 반응의 감탄사, 3)하야(下野)라는 시니피에가 겹쳐 있다. 반복하면 시니피앙의 한 덩어리 속의 세 시니피에가 꼬리를 물고

꼬여 메비우스의 띠처럼 회오리친다. 특히 '하야(夏夜:下野)'라는 말이 지닌 풍자성이 시 전체(1행, 2행, 3행)에 삼투되어 방사(放射)한다. 웃음 속에 감추어진 칼날을 보는 것 같아 섬찍하다.

4.
끝으로 풍시조 1편과 외국의 우화 1편을 비교해 볼까 한다. 대상은 둘 다 '중동(中東)'이다.

> 열사의 불 먹고 사는 탓에 제 버릇 못 버려 즐기는 불장난
> 　　　석유까지 불을 뿜어대니 연일 불바다지
> 얼음을 먹어야 식히는데 中束엔 仲冬이 없으니
> 　　　　　　　　　　― 「仲冬이 없으니・1」

이것은 일종의 '편'이다. 「夏夜」에 비하면 편의 구조도 퍽 단순한 편이다. 페르시아만(아라비아만)의 해변에 '개구리' 한 마리가 햇볕을 쬐고 있는데, '전갈(scorpion)'이 와서 바다 건너 저쪽 언덕까지 등에 태워 건너달라고 부탁한다('전갈'은 몸속 독낭에 못 모양의 독침이 들어 있는 동물이다).

"싫어. 넌 전갈 아냐. 날 찔러 죽이려고"
"바보 같은 소리" 내가 찌르면 너도 죽지만 나도 익사하지 않는가. 잠시 생각한 끝에 개구리가 말한다.
"그렇군. 그럼 내 등에 올라타"

전갈을 등에 태운 개구리가 아라비아 바다를 건너기 시작한다. 바다 복판쯤에 왔을 때, 전갈은 갑자기 독침을 꺼내어 개구리를 찔러 버렸다.
"왜 이래?"
전갈이 대답했다. "여긴 중동(中東)이야."

유머지만, 이것은 '우화'의 형식을 취하고 있다(박진환도 '우화' 쪽으로 발전할지도 모른다). '개구리'는 아라비아만으로 관광온 유럽인인지도 모른다. 그러나 이 조크에 등장하는 '전갈'과 '개구리'의 본의(本義)가 각각 유럽과 중동 중에서 어느 쪽인가에 따라 작품 전체의 이야기가 달라지고, 공격의 대상도 반대가 된다. 그러면 박진환의 풍시조의 공격 대상은 누구인가. 중동만이라고 할 수 없다. 여기서 해학이건 풍자건 그 속에 감춘 예리한 '날의 현동화(現動化)'가 실은 얼마나 어렵고 미묘한 것인가를 시사한다. 특히 「전갈과 개구리」의 경우, 그 균형(balance) 잡기의 어려움을 실감하게 된다.

나는 오늘의 한국시의 지형도를 그려본 적이 있다. 1)전통과 서정(전통적 서정시), 2)메시지와 관념(관념시, 생태시), 3)이미지와 물리성(언어 이미지시), 4)탈관념의 실험(탈관념시), 5)주지적 처리(주지시) 등이 그것이다. 한국시의 동서남북이라고도 할 수 있다. 우리 시단의 특색 있는 시의 중요한 작품들은 일단 이 지형도로 배열, 배치할 수 있다. 우리 시의 현황이다.

나는 박진환의 최근작(3행의 풍시조)을 주목하면서 '주지시'

의 장르로 보았다. 지금도 나는 이러한 자리매김을 후회하지 않는다. 김춘수는 박진환의 풍시조에 대하여 『하여지향(何如之鄕)』을 쓴 송욱의 '전철'을 밟고 있다고 했지만, 나는 송욱과 '같은 계열'이라고 보지, '전철'이라고는 생각하지 않는다. '풍자의 노끈'으로 송욱과 박진환을 칭칭 묶어 버리는 것도 가능하나, '풍자'가 있는 '주지(主知)의 토포스' 속에 자리한 박진환의 거처가 지닌 의미의 진폭을 이해할 필요가 있을 것 같다. 풍자, 해학, 펀, 아이러니, 비꼼, 조롱 등은 '주지시'의 자원이긴 하나 이것만이 전부는 아니다. 이러한 주지시는 송욱, 김현승, 김광섭 등을 거쳐 김기림(金起林)의 장시 『기상도(氣象圖)』(1936)에 이른다는 사실을 이해한다면, 주지의 여러 가지 자원이 뭣인가를 짐작할 수 있다. 『기상도』가 지닌 주지적 풍부함의 목록을 일일이 확인할 필요가 없을까.

이야기를 많이 에둘렀다. 다시 「仲冬이 없으니·1」과 「전갈과 개구리」이야기가 지닌 한 가지 토픽도 주지(主知)가 지닌 여러 가지 목록 중의 하나다. 지성은 억제와 조절에 바탕을 둔 '균형'을 강조한다. 형이상적 존재의 인식, 그 인식이 지닌 초월성의 자기화(自己化)에 의한 시선의 확보, 그 중의 풍자적 시선이 공격 대상을 선정하는 일에 도리없이 참여하는 '균형'은 특히 중요하다. 저울대의 무게와 추가 형평을 이룰 때 '풍자는 더욱 빛날 것이다.

■ 시집 평설을 대신해서_諷詩調에 대한 사계의 견해

知的調律에 의한 시 意味의 密度와 結晶度
— 『諷詩調』의 창간에 부쳐

성찬경(전 예술원 회원)

　문예지 『풍시조(諷詩調)』가 창간되었다. 때는 2008년 초여름이고, 앞으로 계간지로 계속 발간될 것이라는 예고다.
　문예지라고 했지만, 문예지치고는 매우 특수한 성격을 지니는 문예지다. 우선에 소설은 배제된 시 전문지이지만, 넓은 범위의 시 일반을 싣는 것이 아니라 '풍시조(諷詩調)'란 새로운 시적 유형과 범주에 속하는 시만을 모아서 엮는 시지이니, 이를테면 시단 안에서도 특수 전문지의 성격을 갖는다. 흔히 취미 오락 등을 다룬 잡지에 낚시니 등산이니 바둑 등을 전문으로 다루는 잡지를 보게 되는데, 『諷詩調』는 시 안에서도 독특한 장르만을 대상으로 하는 일종의 전문 시지(詩誌)인 셈이며, 우리나라 시사(詩史)와 시단의 현황이 어언 여기에까지 이르렀는가 하는 감회를 갖게 된다.
　여기에서 좀 더 차분히 『諷詩調』의 출현을 지금까지 키워온 그 뿌리와 수맥을 살펴볼 필요가 있다. 말할 것도 없이 이

『諷詩調』의 근본이 되는 자양적 모태는 박진환 시인이 약 30년에 걸쳐서 전개해온 넓은 의미에서의 지성시(知性詩) 운동이다. 박진환 시인은 이러한 지성시의 구체적인 전개방법으로서 '형이상학시'의 기치(旗幟) 아래, 이른바 변용의 시를 추구해온 것은 세상이 다 아는 바다.

변용의 시도 실은 그 개념의 범주가 좁다 할 수는 없다. 더 구체적으로 말하면 시에서의 위트, 컨시트, 또는 펀과 같은 기법을 활용하여 시의 정서적 구조를 지적 구조로 바꾸고, 그럼으로써 시를 의미의 밀도에서 좀더 경질(硬質)의 것이 되게 하려는 시적 추구를 말한다. 그리고 이것은 그 시적 추구에서 17세기 영국의 '형이상학파' 시인들의 추구와 그 맥이 통한다는 사실도 우리가 알고 있는 바와 같다.

여기에서 박진환 시인의 이러한 시적 추구가 우리 시의 현실적 상황과 어떠한 관계에 있는가 하는 점을 살필 필요가 있다. 현재의 우리 시는 한 마디로 지성이라는 영양소의 결핍증세가 심한데, 또한 그것을 자각하고 있지도 못하다는 것이 나의 솔직한 판단이다.

시에서 지성이 하는 구실은 일종의 조화 감각이라 할 수 있다. 시가 너무 한 쪽에 치우치는 것을 막아주는 감시의 역할을 하는 것이 바로 지성이다. 그래서 시에서 지적 요소가 부족하면 시가 한쪽으로 치우치는 것을 막지 못한다. 시에서 눈물이 너무 많아진다거나, 지나치게 격정에 사로잡힌다거나 정서의 내용이 너무 가냘퍼진다거나, 또는 지나치게 괴기해진다거나 하는 현상이 모두 지성적 작용의 결핍에서 오는 증후라

할 수 있다.

 문예지 『조선문학』을 중심으로 하는 한 무리의 문인들이 문학에서 지성적 구실을 강조하고, 줄기차게 우리 문단에서의 이러한 허점을 보완하고자 한 문학적 공헌에 대한 평가에서 우리는 몰인식과 소극성을 벗어나지 못하고 있는 것이 아닌가 하는 것이 역시 나의 생각이다.

 이번에 발간된 『諷詩調』는 박진환 시인이 벌여온 시운동의 더욱 정제된 결정과도 같은 것이며, 이것을 일종의 '문학적 발명'이라 해야 마땅할 것이라는 생각이 든다.

 어느 시대에 있어서나 문학의 새로운 양식은 그것이 하나의 새로운 발명임을 의미한다. 그리고 진정한 의미에서의 '발명'이라면, 얼핏 보아 아무리 하찮게 보이는 것일지라도, 거기에는 발명자의 많은 시간과 피땀과 노고가 스며있음을 잊어서는 안 된다. 시에 있어서도 마찬가지다. 시의 새로운 체질과 양식과 장르의 발명이 실은 시인들의 끊임없이 노력하고 추구하는 목표이기도 한 것이다.

 '諷詩調'의 출현 역시 결코 하루아침에 이루어진 우발적인 출현이 아님은 말할 것도 없다. 지금까지 박진환 시인이 시도해온 많은 '3행시'와 '諷詩調'가 그 싹이 되어 피어왔음은 물론이다.

 『풍시조(諷詩調)』가 갖는 새로운 체질적 특색을 간단히 살펴보겠다. '諷詩調'가 우리 고유의 전통적 시가의 형식인 '시조(時調)'와 체질적 연관성이 있음은 물론이다. 諷詩調의 구성이 3행으로 돼 있는 점이 초중종 3장으로 돼 있는 시조와 일치한다는 것에서도 이 일을 알 수 있다. 원래 시조의 초중종 3장도 시조보다 더 뿌리 깊다 할 수 있는 동양 고유의 한시(漢詩)의 기승전결에서 나온 것임을 우리는 짐작할 수 있다. 4행1련을 기본 단위로 하는 기승전결은 사실 동서고금의 모든 시적 감흥의 기본 틀이기도 하다. 다만 시조의 경우 종장에 해당하는 3장에서는 '전(轉)'과 '결(決)'이 한 행에 압축됨으로써 4행의 경우보다도 더욱 극적 효과와 시의 긴장감을 높여주고 있다.

이와 같이 諷詩調는 시조와 일맥상통하면서도 예술적 감흥을 겨냥하는 데에서는 시조(時調)와 사뭇 다르다. 곧 시조의 시의 뜻을 한자의 때시 '時'에서 글시 '詩'로 바꿔놓은 데서 그 겨냥하는 바를 짐작할 수 있다. 시조(時調)가 그 주제를 시대적 풍습에 맞추려는데 두고 있다면, 諷詩調에서는 시류(時流)를 넘어서는 작품으로서의 시적(詩的) 가치를 높이려는 의도가 숨어 있으며, 이런 점에서 '諷詩調'는 이른바 순수시(純粹詩)와도 그 방향을 같이 하게 된다.

'시조(詩調)', 곧 시의 흐름에 또 '풍(諷)' 자가 결합되어 있으니, 이것은 또 어떤 의도를 품고 있는 것일까. 여기에서 '풍(諷)'자는 박진환 시인이 시지의 '창간사'에서도 밝히고 있는 바와 같이 시에 넓은 의미의 풍자성(諷刺性)을 담으려는 의도와 다를 바가 없으니, 이 풍(諷)의 개념에는 시에서 전개할 수 있는 지적 작업 일반의 여러 항목이 두루 포함돼 있으며, 위트, 아이러니, 새타이어, 시니시즘(비꼬움) 등 표현상의 역설적 기법이 종횡으로 등장하게 된다.

그리고 이러한 풍자는 그것이 일종의 지적 응징의 구실을 하게 되는 것이며 이와 같은 응징의 숨은 의도는 바른 사회, 꼴불견인 시류적인 속물(俗物)들이 사라지는 사회, 양식이 통하는 밝은 사회의 출현을 바라보는 것이니, 깊은 뜻에서는 이 풍자의 정신이 곧 인도주의적 염원과도 일치한다는 점을 간과해서는 안 될 것이다.

'諷詩謂의 보기로서, 박진환 시인이 전, 현직 대통령을 소재로 풍자한 시를 보려 한다.

> 노랗게 노랗게 노자로 시작해서
> 나리나리 개나리 리자로 끝나면 무슨 나리게
> 개나리, 노노노 무식하긴 노나리지
> ―「개나리」

> 이명박 대통령 임기 끝나 퇴임하는 날이 2012년 12월 26일
> 이날에 맞춰 돌아가는 시계가 이명박 시계란다
> 시작이 엊그젠데 퇴임 날 꼽아가며 돌아가는 시계가 있다니
> ―「이명박 퇴임시계」

펀과 시니시즘과 새타이어가 2중 3중으로 얽히고 꼬인, 고도로 지적인 시적 작업임을 알 수 있다. 이보다 더 따끔한 응징적 일침이 또 있겠나.

계간지 『諷詩謂』는 이제 막 창간되었기 때문도 있겠지만, 아직 동인지의 성격을 완전히 벗지 못한 느낌도 없지 않아

있다. 앞으로 이런 점도 차츰 보완이 되리라 믿어지며, 이 시지가 잘 성장하여 응분의 구실을 하게 될 것을 나는 축원의 시선으로 바라본다. 그렇다 하더라도 일관성 있는 '지성시'에의 헌신과 노고가 정당한 평가를 받게 되는 날이 우리 시사(詩史)에서 언제 찾아올 것인가.

■ 시집 평설을 대신해서_諷詩調에 대한 사계의 견해

諷詩調의 깃발과 風向
- 새로운 시 운동에 대하여

김용직(전 학술원 회원)

　극히 최근에 그 모습을 드러낸 諷詩調 운동에는 두 가지 정도의 전략이 내장되어 있는 듯 보인다. 그 하나가 독특한 형태양식 해석이며 다른 하나가 현실 상황을 향한 예각적 공격의식이다. 명백히 현대 서정시의 서부(西部)를 개척하려는 의욕으로 시도된 이 시운동은 그러나 그 형식을 3장 6구를 원형으로 한 단형시 제작을 바탕으로 하고 있다. 3장 6구의 단형시라면 우리 머리에는 곧 한국 전통시가 양식인 시조가 떠오른다. 시조는 국민문학파에 의한 개혁운동 이후 새로운 토대를 마련하게 되었다. 이때부터 시조는 고전시가의 인습적인 면을 벗어나 새 시대의 양식이 된 것이다. 諷詩調는 시조의 이런 틀을 이용하려는 듯 보인다.
　諷詩調는 그 의식성향으로 보아 상당히 공격적이며 호전적이기까지 하다. 그 도마 위에는 정치, 경제, 사회, 문화의 문제만이 아니라 개인의 윤리, 도덕적인 사건까지가 가차 없이 올라 난도질당한다. 그런데 많은 경우 諷詩謝의 비판, 공격은 예술적 의장을 거치지 않은 가운데 이루어진다. 諷詩謝에서 풍(諷)은 수사론에서 풍자를 뜻할 것이며 고전문학의 감각을 곁들이게 되면 풍간(諷諫)과 같은 맥락에서 해석될 말이다. 풍자와 풍간에 역겨운 현실, 아니꼬운 대상을 꼬집고 공격하는 단면이 내포되어 있는 것은 사실이다. 그러나 그런 경우의 비판, 공격은 진술의 형태로 이루어지는 것이 아니라 비유의 형태를 취하는 것이 바람직하다.

풍자문학에서 직접적 언술(言述)이 아니라 간접적인 기법이 이용되는 까닭은 단순하다. 많은 경우 시인이 아니꼽게 생각하는 대상은 한 시대와 사회에서 강한 힘을 가진 개인이거나 집단과 그 부수 형태인 제도나 규범들이다. 그들을 진술의 차원에서 공격하는 경우 작품들은 즉각 압수, 폐기되고 그 제작자들은 연행, 구속될 위험에 노출된다. 시와 예술이 노려야 할 것은 이런 자살 특공대식 자기표출이 아니다. 이런 감각이 생산해 낸 전략의 결과가 풍자로 해석되어야 하는 것이다.

諷詩謝가 3장 형식을 취한 것에 대해서도 이와 거의 같은 이야기가 가능하다. 諷詩謝가 3행시의 형태를 이용한 것은 3행시가 한국 전통 시가를 대표하는 것으로 판단된 결과일 것이다. 새로운 시가운동이 국민문학의 자리에 오른 양식의 특성을 이용하는 것은 슬기로운 일이다. 그러나 이 경우에도 우리는 창작활동에서 기본교의 하나를 기억하고 있어야 한다. 모든 창작활동에서 형태는 묵수될 것이 아니라 새롭게 해석, 개척되어 나가야 한다. 국민문학파의 전례가 가리키는 바와 같이 3장 6구의 시조가 갖는 큰 틀은 긍정적으로 계승될 수 있다. 그러나 그 틀 속에 새로운 시로서의 호흡과 맥박은 끊임없이 재창조되어야 한다.

우리는 모처럼 시도되는 諷詩調 운동이 한국 현대시의 높은 산맥이 되고 푸른 강줄기를 이루어나가기를 희망한다. 이런 소망이 다소간 비판적인 생각을 토로하게 된 셈이다.

■ 시집 평설을 대신해서_諷詩調에 대한 사계의 견해

박진환의 3행 '諷詩調'에 대하여

최원규(충남대 명예교수)

　최근 지속적으로 왕성하게 발표해온 박진환의 삼행시초 '諷詩調'야말로 괄목할만한 한국적 단형시다. 더구나 시대적 상황이 사회적으로 굵직한 이슈를 던져주었던 전변의 정치적 관심이 우리 모두를 끌어들이는 시기와 맞물렸기 때문이기도 하다. 이미 정권 교체에 따른 권력의 갈등에서 겪은 일이지만 대선과정에서 마지막까지 문제가 되었던 BBK 사건, FTA, 숭례문 복원, 대운하 찬반, 광우병 등으로 인한 촛불 시위 범람이 쓰나미처럼 휩쓸고 지나갔으며 아직도 그 여진이 계속되고 있다.
　이렇게 불안한 계절에 시인은 이들의 갈등과 부조리를 외면하고 추상적인 언어를 기반으로 하는 사회적 연대감에서 벗어나 강 건너 불구경만이 순수의 미덕인가. 마땅히 지식인으로 가치판단이나 문화적 선악에 동참, 선도의 언어가 필요해진 것이 너무 당연하다. 하물며 시는 시인끼리 담을 쌓고 그 속에 안주해 있는 모습에서 벗어나 시민과 동참 동행하는 시민의식이 필요하다.

이미 우리 시의 역사 속에서도 한용운, 이육사, 윤동주 그들의 평가에서 볼 수 있듯이 그들의 시에서 우리의 의지와 나라를 걱정하는 애국시가 용솟음치기도 하였다. 그런 점에서 이 시대 박진환의 諷詩調야말로 우리 시단의 중요한 뇌관을 건드린 사건이라고 판단된다.

諷詩調는 삼행이라는 점에서 시조와 같으나 구조나 형태적 특질이 시조의 틀을 벗어났을 뿐만 아니라 어귀나 비유법의 방법을 시조와 달리한다. 한편 화제가 되고 있는 시대적 상황을 직접적인 논의와 평가를 요구하며, 아이러니, 패러독스, 유머로 수용한다. 요컨대 박진환의 '諷詩調'는 업투데이트한 시대적 사회시를 전제한다. 그러므로 그의 '諷詩調'는 작중 인물들의 선행이나 악행의 전제를 제시하며 마지막 행에 이르러서는 개선이나 선과 악의 가치판단의 동참을 요구한다.

박진환의 '諷詩調'는 악과 사의 교정을 위한 화해적 개선이라는 점에서 꼬집고, 비꼬고, 깎아내리고, 비아냥하고 비판, 고발, 폭로를 시의 바탕으로 삼되 마지막 의도는 '순수한 통장'을 감행함으로써 풍자시보다는 한 차원 높은 시적 장치를 갖추고 있다는 점에 주목한다.

박진환은 엄격하거나 거창한 테마를 희극적으로 처리하거나 재미와 멸시, 분노와 냉소의 태도를 환기시킴으로써 그것을 약화시키는 기법을 사용한다. '웃음을 무기로 사용하고 작품의 외부에 존재하는 과녁을 겨냥한다. 그 과녁은 개인적인 일일 수 있고, 어떤 계층이나 제도나 국가나 인류 전체에게까지 할 수 있다'라고 전제한다.

요컨대 화자가 단정하는 외견상 주장과 속으로 의도하고 있는 의미가 서로 다른 진술을 할 때 그 진술은 태도나 평가를 명백히 표현하지만 그것과 매우 다른 태도나 평가를 함축하고 있는 것을 포함하는 것이 아이러니의 기술이라고 보았을 때 박진환의 '순수한 통징'을 암시한다. 발음이 같고 흡사하지만 의미는 전혀 다른 같은 소리에 다른 의미를 갖는 말들은 때로 읽는 이에게 가치판단의 격정적인 한편으로 기울게 하기보다 그것을 유보하며 역지사지(易地思之)의 공평성을 유발시키고 화해성을 유도한다.

박진환은 시적인 재담(equivoque)도 있고 때로 언어유희(pun)도 있지만, 그것들은 읽는 이로 하여금 간담이 서늘해지는 경지까지 유발한다. 때로는 '삶 속의 죽음'이나 '쾌락의 고통', '사랑의 증오'들처럼 메타피지컬포에트(Metaphysical poets)들이 사용한 흔적에 영향되었다고 할 수 있으나 박진환의 경우 경고성의 환기에 더 치중함을 볼 수 있다.

마침내 풍(諷), 시(詩), 조(調) 각개의 문자 의미의 내부를 탐색할 때 모두 언(言) 말씀이 들어있다. 말씀[言]은 글[文]과 구별된다. 글은 논리와 절제를 요구하지만 말[言]은 흘러가는 물과 같이 지형이나 지세에 따라 형태가 변하며 응집한다. 그러므로 흐름의 방향은 같지만 물줄기는 즉흥적이며 당대의 상황에 따라 전변한다.

말씀[言]은 바람[風]과 절[寺]과 두루할 주(周)를 더하여 동서남북, 종횡무진, 당대를 섭렵한다. 그리하여 박진환의 '諷詩調'는 마침내 세상사의 이야깃거리의 중심부에서 주제할 수 있는 정세의 총화와 전환을 암시한다.

박진환의 諷詩調가 꼭 3행이어야 하는가의 문제에 대하여 신중히 생각해야 한다. 다만 어느 민족이고 그 민족의 정서적 흡인력에 의하여 자연 발생적으로 생겨난 정형적 틀이 있어 왔다. 가령 당시(唐詩)의 4언 또는 7언 절시나 영시의 4행시(quatrain), 이행연귀(couplet), 14행시(sonnet) 모두 각운 구조로 결합된 강약음보격의 시행으로 되어 단일시귀(stanja)의 서정시인데 우리의 고유 문학형태의 시형(시조)들이 3장 6귀의 원칙을 고수한 것은 민족적인 고유성과 기풍(Ethos)에 의한 것이라고 믿는다. 다만 박진환의 경우 꼭 우리의 시조를 의식한 3행시는 아니지만(사실 시조와는 그 정형시로 의미구조의 잣대에 맞지 않음) 정형시로서 규율에 맞는 것이 아닌 자유시로서의 의미를 더욱 확대한다.

외형상 3행시로 처리한 것은 압축과 긴장미의 효과를 살리며 음수율에서 체험할 수 없는 탄력을 보여준다.

그리하여 3행시는 우리에게 낯익고 우리 말의 생태적 관습의 순리에 수용된다. 또한 시의 자연스런 형태의 공감이 일반화되었기에 박진환 삼행시가 우리 시단의 충격파를 더해 간다고 생각된다. 그의 3행 諷詩調의 창출은 우리 시문학사의 새로운 원형을 배가시킨 원동력이 될 것이며, 한편 시적 표현 미학에서 잡다한 외래적 수용의 난맥상을 제압하는 데 주요한 길잡이가 될 것이다.

박진환의 3행 '諷詩調'는 시조(時調)와 동자이의어(同字異義語)로 우리에게 새로운 정형성의 모델을 제시한다. 그러므로 우리 현대시가 지닌 무모한 율격이나 시적 주제의 미숙성 또는 혼미성을 극복하는 데 따른 주제시로서 확실한 언덕이 형성된 셈이다.

■ 시집 평설을 대신해서_諷詩調에 대한 사계의 견해

풍시조 읽기

문효치(전 문협 이사장)

　박진환 시인의 諷詩調를 읽었다　풍시조(諷詩調)라는 낯선 이름에 대하여 저자는 풍자시를 줄여 풍시라 하고 거기에 무슨무슨 투나 태도의 뜻으로 조(조,調)를 붙였노라고 설명하고 있다. 그러니 諷詩調의 본질은 풍자시일 듯하다.
　우선 재미있다. 식상한 이미지들의 나열이나 아니면 거의 산문화 되어버린 요즘의 시들에 입맛을 잃었는데 이 諷詩調는 매우 신선한 재미를 느끼게 해 준다.
　세상은 부조리와 불합리와 부정 불의 등으로 가득 차 있다. 이러한 세태가 우리를 짜증나게 하고 화나게도 한다. 살맛을 잃게 한다. 정말 살맛을 잃게 하는 재미없는 제재를 박진환 시인은 재미있는 시로 만들고 있다.

　핵, 우리도 그간거있어 펑펑터지는 국제특허품 不字標 핵 있어
　　불평등·불공평·부조리·부정부패·부동산 투기까지

건들면 폭발하는 순 국산 不字標 핵 있다고, 까불고 있어
―「까불고 있어」 전문

    불평등 불공평 부조리 부정부패 부동산 투기 등 우리사회에 만연한 부정적 요소들, 이것들은 가히 우리 사회를 파괴시킬 만한 위력을 가지고 있다. 정말 심각한 문제다. 이런 사항들을 '不字標핵'으로 둘러댄 그 재치가 재미있다. 그래서 이 시를 보면 일단 웃음이 난다, 진짜 핵을 '그깐거' 라고 대수롭지 않은 존재로 봄으로써 '不字標 핵의 위험성을 한껏 고조시켜 놓았다. 내용은 매우 심각한 문제성을 가지고 있지만 표현된 말들은 우리를 재미있게 해 준다.
  '까불고 있어'라는 끝절은 상대방(진짜 핵을 가진 자)에게 눈을 흘기며 짐짓 어깨를 으쓱거리는 모습을 떠올리게 해 준다. 다소 장난기가 보이는 모습을 연상하면서 시인의 재치를 다시 한번 실감케 해 준다.
  이러한 부조리 불합리한 사태를 능란한 솜씨로 비꼬고 농락함으로써 독자들은 후련한 카타르시스를 느낀다. 내가 미처 하지 못한 앙갚음을 대신 갚아 주는 것 같기도 하고 어쩌면 내 심정을 잘 알아주는 것 같기도 하다.
  이 책은 멸시 분노 증오의 정서를, 비꼼 냉소 조소 조롱 역설 등의 언사로 가득 채워 놓았다. 그러나 궁극으로는 교정·교훈의 의지가 숨겨져 있다.

    뭐라구라우, 사람 낳고 돈 낳제 돈 낳고 사람 낳다구라우

> 허허 이 양반 순 구식이네
> 신식으론 돈 낳고 사람 낳제, 사람 낳고 돈 낳고가 아니여
> ―「뭐라구라우」 전문

 돈 낳고 사람 낳은 것은 불변의 진리이다. 그러나 신식으로는 돈 낳고 사람 낳았다고 큰소리친다. 그러나 이것은 역설이다. 화자가 진짜로 하고 싶은 말은 이른바 구식인 '사람 낳고 돈 낳다'는 말이다. 이것이 뒤집힌 세상, 전도된 가치에 대해서 일갈하고 꼬집은 것이다. 그리고 그에 대한 반성과 교정을 꿈꾸고 있는 것이다.
 삼행으로 압축한 단아한 모습의 시형에도 주목하고 싶다. 말 그대로 촌철살인의 짤막한 말이 감동을 준다. 요즈음 장황한 수다를 늘어놓는 시들이 범람하면서 이렇게 간결한 시들이 그리워진다.

> 나라님 물러나면 낙향하여 통나무집 짓고 시나 쓰며 살겠단 말
> 아무래도 허사같다. 시는 말을 아끼고 줄이는 언어경영인 것을
> 저리 말이 헤퍼서야 어찌 말의 진수에 닿을 수 있을지
> ―「아무래도 허사 같다」 전문

 듣기 좋은 수다로 대중들을 현혹하며 실천보다는 말을 앞세우는 정치인을 비꼬며 질타하고 있지만 한 편 짤막한 시론을 엿볼 수 있는 시다. 그렇다. 시는 '말을 아끼고 줄이는 언어경영'인 것이어서 '말이 헤퍼서'는 안 될 일이다.

삼행은 우리의 눈에 익숙하다. 어려서부터 시조를 읽고 배워왔기 때문이다. 물론 시조의 형식에 맞춰 음수율을 조절한 것은 아니지만 그 속에 기승전결의 구조를 가진 것들이 많은 것도 이해하기 쉬운 대목이다.

 지금이 바로 이러한 시들이 필요한 시대인 것 같다. 잡지마다 넘쳐나고 있는 산문조 요설이 시성(詩性)을 잠식하고 있고, 그리고 비꼬고 조롱하고 비난하고 질타해야 될 일들이 많은 세상일수록 그러한 세태를 지적하고 경계하며 교정해야 하기 때문이다. 시가 궁극적으로는 인간을 위하고 옹호하는 것이라면 시가 이러한 일에도 적극 관심을 가져야 할 것으로 생각한다.

■ 시집 평설을 대신해서_諷詩調에 대한 사계의 견해

諷詩調에 나타난 형이상시의 수사법

최규철(시인·문학평론가)

들어가는 말

어느 사회학자는 '농경사회의 삶이 시간 잉여(時間剩餘)의 시대였다면 오늘날과 같은 정보화 사회는 시간 기근(饑饉)의 시대라'했다. 그것은 그 정도로 오늘의 시대가 시간에 쫓기며 살아가는 고속화 시대를 맞이하고 있다는 것이다. 따라서 이러한 고속화 사회에 사는 현대인들의 문학작품에 대한 선호도도 역시 장편소설보다는 단편소설을, 장시보다는 단시를 더 선호하는 경향이 있다. 특히 시에 있어서 현대인들의 구미에 맞는 시는 짧으면서도 그 속에 다분한 내용을 함축함으로써 큰 감동을 주는 시라 하겠다. 이런 시대적 요구에 부응하는 시가 바로 박진환 시인이 착안하고 시운동을 전개하고 있는 諷詩調이다.

諷詩調의 기법은 형이상시의 레토릭(rhetoric)과 흡사한 면이 많다. 컨시트의 기발한 지적 놀라움, 서로 상반된 양극화의 결합과 그 조화, 역설과 반어(反語), 시의 순수한 통징을 통한 내적 울분의 해소와 사회 구조악(構造惡)의 개선 등이 바로 그것이다.

특히 3행시의 짧은 글 속에 함축된 내용과 그 여운을 담기 위해서는 압축적이고 생략적인 구문이 필요하다. 따라서 각 행의 전환 및 반전이 빠르게 전개되는 특색이 있다. 이것은 양극화의 긴장이 팽팽할수록 행과 행의 전환속도가 빠르고 생략과 압축의 미학이 더욱 살아난다.

필자는 그동안 지면을 통해서 3. 4회에 걸쳐 언급해온 諷詩調 시학에 대한 이론을 총괄하고 종합하여 주로 諷詩調의 형이상시적 유사성과 레토릭(rhetoric) 기법의 측면에서 접근해 보고자 한다.

1. 諷詩調의 순수한 통징

諷詩調는 일종의 풍자시의 성격을 띤 시라 하겠다. 풍자시의 사전적인 정의는 부정부패와 비리 현상과 모순 등을 다른 사물에 비유하여 폭로와 공격 일변도의 시를 말한다. 즉 풍자시라고 하는 한자가 풍자할 풍(諷) 찌를 자(刺)로 명시한 바와 같이 모든 죄악상을 어떤 사물로 빗대어 찔러 고통을 가하게 하는 일종의 보복성을 뜻하는 성격을 내포하고 있는 시가 대부분이다. 그러나 諷詩調에서 말하는 순수한 통징의 주된 목적은 諷詩調를 통해서 죄의 아픔을 느끼게 할 뿐만 아니라,

뉘우치고 돌이켜 새롭게 변화하게 하는 데 주력하는 시의 기능을 말한다. 다시 말하자면 죄의 부패성에 대해서 단순히 찌르고 고통을 가하게 하는 데 그치는 것이 아니라 메스를 가하고 수술을 함으로써 병을 낫게 하는 데 그 목적이 있음을 말한다.

그러나 여기서 주의 깊게 보아야 할 것은 수술을 가하되 고통을 없애게 하기 위해 마취제를 동시에 투여하는 방법을 취하고 있다는 사실이다. 즉 유머를 통해서 웃음을 주고 즐거움을 줌으로써 그 고언을 달게 받아들이고 소화시킬 수 있는 기능을 지녔다는 것이다. 諷詩調의 통징이야말로 우리의 뇌에서 일종의 모르핀이나 엔도르핀과 같은 호르몬을 분비하게 함으로써 무통수술을 하게 하고 오히려 미묘한 시적 희열을 주게 하는 절묘한 수술비법을 의미하고 있다. 諷詩調의 작가들은 이런 諷詩調의 순수한 통징의 특성을 숙지하고 이러한 순수한 통징의 기능을 살리는 데 노력해야 할 것이다. 諷詩調에서 이러한 순수한 통징이 살아있지 못한다면 그것은 諷詩調로서의 시적 역할을 다한 시라 볼 수가 없다. 諷詩調의 생명이 바로 여기에 있다 할 수 있기 때문이다.

참으로 諷詩調의 순수한 통징이야말로 오늘과 같은 종말론적인 징조를 토로하고 인류의 구원을 갈구하게 하는 시대적 사명의 성격을 띤 시라 하겠다. 현대사회는 갈수록 첨예한 양극화 조성으로 인한 양자구도의 대립상이 심화되고 있다. 오늘날 정치 경제 사회 문화 전반에 걸친 인류사회의 갈등과 분쟁이 바로 이런 극단적인 양극화 현상에서 오는 결과라 하겠다. 그렇다면 현대시가 어느 때까지 이를 외면하고 오히려 음풍농월(吟風弄月)만을 일삼아야 하겠는가. 시가 인생문제로 깊이 들어가서 이런 양극화 문제를 해소하고 하나로 융합하는 화해와 일치의 시학으로 발전해가야 할 것이 아닌가. 그러한 의미에서 諷詩調 운동의 필연성이 강조된다.

더욱이 환경오염으로 인한 생태계의 훼손과 대기오염으로 인한 오존층의 파괴, 그리고 지구 온난화에서 발생하는 엘니뇨현상 등으로 인류의 생존 문제에 심각한 적신호가 켜있다. 이런 각박한 상황에서 탈출하기 위한 녹색시학 운동의 전면에 諷詩調가 자리하고 있음을 알 수 있다.

시인은 예언자적인 예리한 눈을 가지고 미래사회의 변화를 직시하면서 오늘의 잘못된 과오를 지적 감동을 통해서 깨닫게 하는 순수한 통징에 무한한 관심을 쏟아야 한다.

> 세상이 왜 이러나 유행병처럼 자살·자살·자살
> 마음 한 번 고쳐먹으면 살자·살자·살자가 되는데
> 뭐 그리 좋은 거라고 일편단심 자살이람
> ― 박진환의 「뭐 그리 좋은 거라고」

한국인의 자살률이 OECD 30개 회원국 가운데 1위를 기록하는 불명예를 안고 있다. 연예계의 인기 스타들과 대기업의 총수들이 잇따라 자살을 하고 심지어 전직 대통령까지도 스스로 목숨을 끊음으로써 사회적 충격이 크다.

박진환 시인의 諷詩調「뭐 그리 좋은 거라고」는 1행의 자살·자살·자살'이라고 하는 부정적인 죽음의 개념과, 2행의 '살자·살자·살자'라고 하는 긍정적인 생명의 개념을 양극구도로 서로 거꾸로 뒤집어 대치해 놓음으로써 기발한 위트와 유머를 돋보이게 한다. 이러한 諷詩調의 기능이야말로 격한 자살충동을 완화시켜 줄 뿐 아니라 생에 대한 강력한 의욕까지도 유발하게 하는 시적 감동을 가능케 한다. 여기서 諷詩調의 풍자 속에 담고 있는 간절한 회심에의 바람이 '마음 한번 고쳐먹으면'이란 말로 표현되고 있다. 이것이 바로 諷詩調가 지닌 순수한 통징의 힘이다.

> 피를 빨아 먹는 모기 잡는데 의견이 분분하다
> 정치가 어떻고 법이 어떻고 대통령이 어떻고
> 입으로 모기 잡나? F킬라를 뿌려야지
>   — 박진환의「입으로 모기 잡나」

이 시는 그 제목부터가 웃음을 터뜨리게 하는 유머가 있어 마음을 끈다. 이 시 속에 감추어 있는 암시성과 시사성(示唆性)이 모기와 F킬라라고 하는 기발한 메타포를 통해서 큰 감동을 준다. 정계와 법조계의 부패상을 바로잡는, 즉 '피를 빨아 먹는 모기를 잡는데'에는 입으로 하는 설왕설래(說往說來)로써는 근절될 수 없다는 것이다. 특히 수사법 중에서 변화법의 하나인 '입으로 모기잡나?'라고 하는 설의법으로써 F킬라라고 하는 정답을 독자에게 물어 찾아내게 하는 레토릭으로써 스스로 개혁의지를 촉발하게 하는 순수한 통징이 돋보인다. 찌르고 자르고 쪼개는 메스질이 가해짐에도 불구하고 뇌에서 분비되는 모르핀을 통해서 즐거운 마음으로 웃고 수긍이 가능케 하는 회심과 변혁의 비법이 있다.

2. 諷詩調가 갖는 컨시트의 특색

형이상시의 컨시트(奇想, conceit)는 형이상시의 특징 중에서 가장 중요한 특징의 하나라 할 수 있다. 외견상 전혀 유사성이 없거나 상반되고 양극화된 사물이나 상황들을 재치 있고 기발한 방법으로 결합하여 소위 사무엘 존슨(Samuel Johnson)이 언급한 '부조화의 조화'를 이루게 하는 비유적인 수사법을 말한다.

그러나 諷詩調에서 보여주는 컨시트의 특색은 형이상시에서 말하는 그것과는 사뭇 다른 양태의 컨시트를 볼 수 있다. 3행시 구문의 생략적인 특성 때문에 행과 행, 낱말과 낱말, 심지어는 문자와 문자로부터 서로 상반된 사물이나 개념의 명칭과 발음 등을 찾아내고 거기서 특별한 의미성을 유추하여 또 다른 의미를 창출해내는 언어유희적인 기발한 컨시트를 선보이고 있다. 이런 관점에서 볼 때 諷詩調의 컨시트는 단순히 두 가지 사물이나 개념을 교묘하게 결합하여 뜻밖의 유사성을 찾는 기존의 형이상시의 컨시트와는 다른 특성을 지니고 있다고 하겠다.

대통령 국정평가 잘했다가 44.2% , 못했다가 41.1%
막상막하, 정치란 게 그래
上 뒤집으면 下 되고, 下 뒤집으면 上 되거든
― 박진환의 「物神時代·216」

　국민이면 누구나 알게 모르게 다 정치에 젖어 살면서 나름대로의 정치철학, 내지 생활철학을 가지고 있다. 그래서 3행에서 '정치린게 그래'라 토로한다. 이런 지적 깨달음을 풍자적으로 소화시켜 표현하기란 그리 쉬운 일은 아니다. 이런 이유 때문에 민감한 사안을 받아들여 유머로 웃어넘길 수 있고, 감동 받아 깨달음을 갖게 하는 諷詩調의 기법에 주목할 수밖에 없다. 그래서 諷詩調가 지적이며 문화적인 통징을 가져오게 하는 첩경이라 여겨진다.

　이 시에서 놀라운 기지의 발산은 2~3행에 있다.'막상막하, 정치란게 그래 / 上 뒤집으면 下 되고, 下 뒤집으면 上 되거든'에서 '막상막하(莫上莫下)'의 上과 下의 문자를 세웠다 뒤집었다 하면서 요동치는 정치판의 불안정성을 꼬집는, 재기(才氣)가 번뜩이는 컨시트를 선보이고 있다. 여기서 다만 上·下라고 하는 양극성의 문자를 가지고 세웠다 뒤집었다 하면서 엉뚱하게 결합한 결론이 「정치란게 그래」로 귀결한다. 이렇게 諷詩調의 컨시트는 동떨어진 개념이나 이미지를 결합하는 데 그치는 것이 아니라, 서로 상반된 단순한 두 개의 문자로써 새로운 제3의 개념을 형성하게 한다. 이런 관점에서

諷詩調의 컨시트는 보다 다양하고 발전된 성격의 것이라 볼 수 있다.

     박지성·박주영의 꼴은 오 코리아
  OECD국 중 환경평가 맨 꼴찌의 꼴은 어이쿠 코리아
  둘 다 꼴은 꼴이다마는 뒈에 꼴은 노꼴만도 못해서
       — 박진환의「物神時代·191」

 지금 지구촌은 환경오염으로 인해서 점차로 죽어가고 있는 실정인데 우리나라가 OECD국 중에서 환경평가 최하위라 한다. 이 시에서는 이런 실정을 풍자적으로 꼬집고 있는데, 1~2행에서는 축구의 '꼴인'과 환경평가의 '꼴찌'란 서로 유사성이 없는 언어들을 관련 지워 '오 코리아'와 '아이쿠 코리아'라는 서로 반대되는 개념의 언어로 대비시켰고, 3행에서는 꼴찌의 '꼴'을 '노꼴'이라는 상충·상반되는 개념과 연관시킴으로써 '둘다 꼴은 꼴이다마는 뒈엣 꼴은 노꼴만도 못해서'라는 순발력 있는 기지(wit)를 보여준다. 동시에 더 나가서는 축구의 '꼴'과 환경평가 꼴찌라는 '꼴'의 두 글자들을 교모하게 결합한 諷詩調의 컨시트의 진수를 보여주고 있다.

3. 諷詩調의 양극화 기법

 또 한 가지 諷詩調에서 가장 두드러지게 나타나는 특징 중의 하나가 양극화 현상이다. 그러기 때문에 諷詩調의 컨시트는 동떨어지고 상반된 가장 먼 거리의 양극성을 폭력적으로 결합하는 과정이나 패러독스와 아이러니의 양면성에서 오는 강한 텐션이 諷詩調로 하여금 그만큼 응축된 의미의 비유가 되게 한다.

걸핏하면 여·야 율사들 발목잡느니, 발목잡히느니 해쌌는디
뿌리치고 혼자만 가려고 하니 그러지, 동행해봐, 왜 발목잡나
잡혀 부러지면 목발신세 못면해, 발목 거꾸로 해봐 목발이지
— 박진환의「발목 거꾸로 하면 목발이지」의 전문

분쟁과 불화의 결과가 발목이 목발로 바뀌는 기발한 발상, 곧 생명체를 비생명체로 둔갑시키는 대담한 컨시트의 수사법이 놀라움을 준다. 그 외에도 여·야 율사들, 발목잡느니 발목잡히느니, 발목과 목발 등의 양극화가 이 諷詩調 전면에서 팽팽한 긴장을 조성시켜주고 있다, 거기다가 본래 여·야가 대치하는 정치구도, 그것만으로도 양극의 역학관계를 유지하는 긴장상태인데 여기에 분쟁과 충돌이 생기면 발목이 목발이 되는 더욱더 팽팽한 긴장관계를 촉발한다. 그래서 이 諷詩調는 웃기면서도 여·야가 정치적 협력관계를 잘 유지해야만 나라가 산다는 통징적인 메시지도 담고 있는 시이다.

악법·약법, 청문회, FTA로 여·야 붙어도 한판 크게 붙겠다
탓하지 말 것이 싸워야 국회답지 잠잠하면 그게 더 두려워
마찬가지야, 아이들도 싸움질하면서 크지 않던가

— 박진환의 「아이들도 싸우면서 커」

  이 諷詩調는 빈번히 일어나는 국회의원들의 성숙하지 못한 의결과정에서의 난투극을 한 마디로 꼬집은 시이다. 아이들이 싸우면서 커가듯이 국회의원들도 싸우면서 커가야만 하는가 하는 시인의 통탄이 곁들어있는 시이다. 가장 성숙해야 할 국회의원들과 가장 성숙하지 못한 나이인 어린이들의 양극현상을 동류부류로 간주하여 이질성 속의 유사성을 찾는 시인의 기지가 번쩍인다. 여기에는 양극간의 이질성이 유사성으로 바뀌는 과정에서 서로 잡아당기는 강력한 텐션도 드러나 있다. 「싸워야 국회답지」에서는 국회가 싸움판이 되어서야 되겠는가 하는 아이러니의 성격을 띤 레토릭도 있고 국회가 변화되기를 촉구하고 갈망하는 통징도 들어있다.

4. 諷詩調의 구조와 그 전환속도

  형이상시에서와 마찬가지로 諷詩調에서도 생략된 구문을 씀으로써 의미의 탄력과 밀도를 더하게 하고, 또한 집약적 표현으로써 시의 단축을 꾀하는 기법을 강조한다. 그 결과 시 전개과정에서 그 전환 속도가 빨라지기 마련이다. 그래서 시의 구조가 3행시로 되어 있고 따라서 행의 길이가 짧으면 짧을수록 생략적 효과가 살아나서 함축성이 있는 시가 된다.

  諷詩調는 평시조(平時調)와 같은 초장 중장 종장의 3행 형식의 구조이면서도 3장 6구 12음보의 정형시에 매이지 않은 자유시요, 동시에 평시조보다 더 빠르고 생동감이 있는 기승전결(起承轉結)의 전개가 있다. 따라서 諷詩調의 함축성과 텐션을 살리기 위해서는 될 수 있는 대로 행의 자수(字數)를 줄이고 생략하는 것이 좋다.

>   침묵이 金이라고? 순 구식
>   요즘 세상에선 말 잘해야 출세해
>   신식으론 침묵은 禁이야
>   — 박진환의 「침묵은 禁이야」

 1행의 金이 3행에서는 禁으로 바뀐다. 1행에서 침묵은 金이란 말은 구식이요, 3행에서는 침묵이 禁이란 말로 바뀐 것이 신식이라는 것이다. '요즘 세상에선 말 잘해야 출세해'라는 새로운 진리(?)를 발견하고 시대와 더불어 급속히 변하는 처세술의 격세지감을 실토한 시라 하겠다. 또 이 시 속에는 침묵이 금(金)이었던 옛 시대가 참이요 말을 잘해야 출세한다는 현 시대가 잘못된 것이라는 시사성(示唆性)이 들어 있다. 諷詩調가 그 짧은 시로써 현시대의 많은 모순과 부조리를 다 압축하여 표현할 수 있는 것은 오로지 3행시 속에 짧은 행으로 모든 것을 소화시킬 수 있는 수용성(受容性)과 빠른 전환기능을 지탱할 수 있는 메커니즘에서 온 것이다.

>   銅臭에 코피터진 놈이

> 銅醉로 게워내는 주정
> 뭘 쳐다봐, 너나 나나 다를 것이 없는데
> ― 박진환의 「物神時代・68」

 이 시는 銅臭와 銅醉를 병치하고 3행에서 '뭘 쳐다봐, 너나 나나 다를 것이 없는데'로 동류화((同類化))시킨 해학적인 기법이 눈을 끈다. 銅臭란 말의 뜻은 돈으로 출세를 하려고 하거나 모든 것을 해결해 보려고 하는 물신주의자들을 낮잡아 하는 말인데 오늘날은 술로써 출세를 하려고 하거나 모든 문제를 해결하려고 하는 銅醉도 많다는 것이다. 銅臭와 銅醉의 내용이 담고 있는 절묘한 조화가 압축되어 이 짧은 諷詩調 한 편을 창구로 하여 오늘의 모든 시대상을 한 눈으로 볼 수 있다.
 그러나 풍조시에서 행의 자수를 줄이고 표현의 생략적인 효과를 극대화하려는 경제적인 언어구사는 아무나 할 수 있는 것이 아니다. 허다한 諷詩調에서 발견할 수 있는 것은 행이 짧으면 그 표현과 의미성도 부실한 경우가 많다는 것이다. 따라서 諷詩調는 자수(字數)를 최소화하면서도 그 함축성을 최대화할 수 있는 기법이야말로 바로 諷詩調의 완성도를 높이는 첩경임을 알게 된다.

맺는 말

 이상과 같이 諷詩調에서 보이는 수사법상의 기법이 형이상시의 그것과 유사한 점이 많다는 것을 알 수 있다. 그러나 그 구조적인 측면에서 볼 때 형이상시보다는 시가 짧고 컨시트도 형이상시보다는 언어유희의 측면에서 독특하고 문자유희의 면에서도 독보적인 경지를 보이고 있는 시라는 것이다. 諷詩調의 대부분이 명확한 양극화 구조로 되어 있고 상반되고 동떨어진 개념이나 사물을 결합하여 부조화의 조화를 이루고 있다. 또한 3행시의 짧은 시로서 생략적이고 압축적인 기법을 통해서 고도의 밀도감을 조성하기 위해 언어와 언어, 행과 행을 교합하여 전개되는 전환속도가 유달리 빠른 것도 그 특징 중의 하나라 하겠다. 이런 시의 특징 때문에 앞으로 諷詩調가 우리나라 문학의 한 장르를 이루고 발전하여 보다 큰 문학성을 발휘하는 날을 기대하여 마지않는다.

조선문학사시인선 940

諷詩調詩集 · 446

통치통초초 · 2

2024년 10월 20일 인쇄
2024년 10월 30일 발행

지은이 / 박진환
발행인 / 박진환
펴낸곳 / 조선문학사
등록번호 / 1-2733
주소 / 03730 서울 서대문구 통일로 389(홍제동)
전화 / 02-730-2255
팩스 / 02-723-9373
E-mail / chosunmh2@daum.net

ISBN 979-11-6354-312-1

정가 10,000원

※ 인지는 저자와 합의 하에 생략
※ 잘못된 책은 서점에서 교환해 드립니다.